Irgendwo auf einem schmalen Landstreifen zwischen Meer und Lagune liegt ein kleines Dorf.

Auf der einen Seite rollen die Wellen der offenen See über die Landzunge und auf der anderen Seite glitzert das flache Wasser der Lagune.

Die Meeresbrandung nagt am Strand und knabbert ihn Stück für Stück ab. Deshalb wurde das Dorf im Laufe der Jahre kleiner, so erzählt man sich. Die Lagune dagegen wächst. Wenn das Meerwasser in sie hineinspült, schwillt sie an. Doch bevor sie das Dorf überflutet, fließt das Wasser überraschend wieder ab. Denn die Lagune ist eine freundliche Mutter, glauben die Menschen dort. Und das Meer, so sagen sie, wird erst dann Ruhe geben, wenn die Lagune es heiratet und mit ihm eins wird. Trotzdem wollen die Menschen ihr Dorf nicht verlassen. Alles ist gut, finden sie, solange das Meer um die Lagune wirbt. Denn das Meer sorgt dafür, dass ihre Fischernetze stets gefüllt sind, während die Lagune ihnen andere Leckereien wie Austern und Muscheln liefert. Und auf dem fruchtbaren Boden wächst Getreide und Gemüse, das sie auf dem Markt verkaufen können.

In diesem Dorf zwischen Meer und Lagune lebt der Junge Sosu mit seinen Eltern, seiner Schwester Fafa, seinem jüngeren Bruder Bubu, dem Hund Fusa und vielen Hühnern. Wie viele andere Hütten auch liegt ihr Haus nur einen Steinwurf vom Meer entfernt.

Das Dorf kennt Sosu vor allem aus der Zeit, als er noch klein war und seine Mutter ihn auf dem Rücken herumtrug. Das ist lange her. Wie sehr hatten damals alle den Tag herbeigesehnt, an dem Sosu endlich auf eigenen Beinen stehen und gehen würde. Doch dieser Tag kam nie.

Viele Jahre lang betrachtete Sosu nur von der Hütte aus die Welt. Er sah die hohen Kokospalmen, die sich im Wind wiegten und mit ihren Wedeln weit über den Schornsteinen winkten. Er sah den schier endlosen Himmel, die Vögel, die frei umherflogen, die Sonne und die Wolken.

Jeden Morgen, wenn alle fortgingen, hockte Sosu auf der Türschwelle. Ma und Pa verließen die Hütte als Erste, kurz darauf machten sich Fafa und Bubu auf den Weg zur Schule. Fusa, der Hund, lief ihnen jedes Mal hinterher und kehrte nach einer Weile zufrieden hechelnd von seinem Ausflug zurück. Und jeden Morgen, wenn der Hund wiederkam, spürte Sosu einen Stich im Herzen. Er beneidete Fusa sehr. Denn Fusa konnte herumlaufen und er nicht. Wozu taugte ein Junge ohne gesunde Beine schon?

Alle liebten und kümmerten sich um Sosu. Vor allem Pa versuchte alles, damit Sosu sich wie ein normaler Junge fühlte. Er brachte ihm bei, zerrissene Fischernetze zu flicken. Er setzte ihn in sein schmales Kanu, um mit ihm durch die Lagune zu paddeln und zu fischen. Eines Tages, als Sosu und sein Pa in der Lagune fischten, paddelten zwei finster dreinblickende Männer an ihre Seite und sagten:

„Wir finden nicht, dass es klug ist, wenn du deinen Jungen hierher bringst. Schlimm genug, so einen wie ihn im Dorf zu haben. Und ganz bestimmt mag es der Lagunengeist nicht, dass so einer wie er auf ihm sitzt! Du musst ihn in deiner Hütte lassen.“

Dann kam diese furchtbare Nacht. Der Mond hing als dicke, glänzende Perle am Himmel und alles trieb in seinem Licht dahin! Sogar auf den anrollenden Meereswogen blitzten silbrige Kämme. Plötzlich schlugen die Trommeln, hallten durch die Mondnacht und lockten: „Komm raus zum Spielen! Komm raus! Komm raus und spiele!“

Ohne nachzudenken robbte Sosu aus der Hütte und krabbelte durchs milchige Mondlicht hin zum Trommelklang. Da – wie aus dem Nichts tauchte ein Mädchen auf und schrie. Ihr Schrei sirrte durchs Dunkel wie ein Fliegenschwarm, der sich auf faulenden Fisch stürzt, und rasch eilten ihr Leute zu Hilfe.

Das Mädchen hatte Sosu nur zeigen wollen, was für ein kriechender, gruseliger Geist er war!

Nach dieser Nacht fühlte sich Sosu mehr als erbärmlich und selbst Fusa gelang es nicht, ihn aufzuheitern. Sobald Sosu still und in sich gekehrt da saß, forderte der Hund ihn zum Spiel auf. Aber Sosu warf höchstens einen Maiskolben weit von sich, Fusa rannte hinterher, sprang hoch und fing ihn dann mit den Zähnen aus der Luft.

Und während Fusa noch mit Körper, Pfoten und Schwanz in der Luft hing, lockte Sosu die Hühner herbei. Ihm gefiel es, den Hühnern zuzugucken, denn es gab nichts, um das er sie beneiden konnte!

Etwas liebte Sosu besonders: für seine Geschwister Fafa und Bubu Essen zu machen, wenn sie aus der Schule nach Hause kamen. Dafür stellte Ma morgens alles so hin, dass er trotz seiner lahmen Beine dran kam.

Beim Mittagessen erzählten Fafa und Bubu ihm oft von den Dingen, die sie in der Schule gelernt hatten. Dadurch lernte Sosu beinahe so gut Lesen und Schreiben wie sie.

Waren am Abend wieder alle zu Hause, gab es für Sosu nichts mehr zu tun. Die mit den gesunden Beinen machten einfach alles. Und Sosu fühlte sich dann beinahe wie ein Baby – oder wie ein Geist, den die anderen bedienen mussten!

Eines Tages jedoch änderte sich alles. Fast. Es war ein Montag und wie gewöhnlich verließen alle am Morgen das Dorf. Die Männer fuhren hinaus zum Fischen oder gingen auf die Felder, die Frauen arbeiteten in ihren Gärten und die Kinder besuchten im Nachbardorf die Schule. Alles schien normal.

Plötzlich aber wurde Fusa unruhig, winselte und bellte. Die Hühner hörten auf zu scharren, flatterten auf ihre Stangen unter dem Holzdach, hockten ruhig dort und gackerten nur noch leise.

Dann wurde es mit einem Mal so dunkel, als ob jemand eine schwarze Decke über den Himmel geworfen hätte! Das Murmeln des Meeres verwandelte sich in ein böses Brüllen. Der Wind peitschte die Kokospalmen, sodass sie sich gefährlich weit zur Seite bogen. Und die Brandung trommelte und donnerte schwer gegen den Strand!

Sosu lief es kalt den Rücken herunter. Plötzlich ein Knall, ein Krachen! Wie ein riesiger Drachen schoss das alte, hölzerne Tor über den Hof! Es wirbelte durch die Luft, krachte in eine Mauer und blieb endlich liegen!

Zum Glück wurde niemand verletzt und Sosu atmete erleichtert auf. Doch gleich darauf verschlug es ihm erneut den Atem. Eine schäumende Flutwelle stürzte in den Hof! Das Meer eroberte das Dorf!

Sosu musste etwas unternehmen. Und zwar schnell. Aber was? Die alten und gebrechlichen Leute, die bei den kleinen Kindern im Dorf geblieben waren, konnten nichts ausrichten. Und es lebten viele Alte und Gebrechliche und kleine Kinder im Dorf. Sie konnten, schoss es Sosu durch den Kopf, vom Wasser eingeschlossen werden und ertrinken, wenn das Meer weiter anstieg.

Sosu versuchte gegen das Brüllen des Windes anzuschreien. Vergeblich. Nicht einmal seine eigene Stimme konnte er hören! Irgendetwas muss ich doch tun können, dachte er voller Angst. Aber was? Vielleicht spürte Fusa, dass Sosu verzweifelt überlegte, wie er Hilfe herbeiholen konnte. Er winselte und bellte nicht mehr, sondern sah Sosu mit klugen Augen an.

„Die Trommeln!“, rief Sosu in diesem Augenblick. Er musste zu den Trommeln, die, das wusste er, hinter der Hütte des Dorfoberhaupts lagerten. Doch die wirbelnden und spritzenden Wassermassen konnten selbst einem Menschen mit gesunden Beinen gefährlich werden.

Sosu dachte an die kleinen Kinder, die kranken und uralten Leute und all die hilflosen Tiere. Sie alle waren in größter Gefahr.

Unverwandt schaute der Hund Sosu an. Fusa wusste, wo die Trommeln zu finden waren. Und in seinen Augen las Sosu: „Hab keine Angst. Wir schaffen es!"

Und Sosu fasste sich ein Herz und folgte seinem Hund hinaus in den tosenden Sturm. Das Wasser war knöcheltief und der Sturm brüllte und riss an allem, was sich ihm in den Weg stellte.

Vorsichtig lief Fusa ein paar Schritte vorwärts, blieb stehen, sah sich nach seinem Freund Sosu um und wedelte mit dem Schwanz, als wolle er sagen: „Komm, weiter. Es passiert uns nichts. Vertrau mir. Wir schaffen es!"

Bis heute weiß Sosu nicht, woher er den Mut und die Kraft nahm, sich durch Wind und Wasser zu kämpfen. Irgendwie schleppte er seinen Körper vorwärts, stemmte sich gegen den heulenden Sturm und kroch durch das aufgepeitschte Wasser!

Sosu und Fusa geschah nichts. Tropfnass, aber heil erreichten sie den Schuppen, in dem die Trommeln aufbewahrt wurden. Zum Glück hatte man den Schuppen auf einer kleinen Anhöhe gebaut und deshalb war er bisher vom Wasser verschont geblieben. Noch standen die Trommeln im Trocknen.

Freudig wedelte Fusa mit dem Schwanz, aber Sosu betrachtete mit unglücklichem Gesicht die Trommeln. Niemals in seinem Leben hatte er auf einer Trommel gespielt. Wie konnte er sie bloß zum Sprechen bringen?

Erneut half ihm Fusa auf die Sprünge. Der Hund stellte sich auf die Hinterbeine und scharrte mit den Pfoten an einer mittelgroßen Trommel. So, als ob er sagen wollte: „Uns bleibt keine Zeit."

Langsam kippte die Trommel um, fiel auf Sosu zu und er fing sie geschickt auf. Er griff nach den beiden Stücke und strich erst mit dem einem, dann mit dem anderen Stock oben über die Trommel.

Zunächst spielte Sosu langsam und leise. Plötzlich jedoch kamen ihm die Bilder vom Sturm, von donnernden Wasserwellen, den Kindern, den Kranken, den Alten, den Tieren, von berstenden Zäune und brechenden Bäumen in den Sinn. Bild um Bild, rasch und rascher.

Und Sosu schlug die Trommel härter und schneller, bis sich ihr Klang über das Brüllen und Heulen des Windes erhob:

Bumm-bumm, bumm! Bumm-bumm, bumm! Bumm-bumm-bumm, bumm-bumm! Bumm-bumm-bumm, bumm-bumm! Bumm-bumm, bumm-bumm!

Die Trommel drangen bis in die äußersten Winkel der Lagune, dorthin, wo die Männer auf den Feldern arbeiteten. Und sie wussten, was ein Sturm alles anrichten konnte.

„Das Trommeln kommt aus unserem Dorf. Seltsam. Es muss Probleme geben. Lasst uns hingehen!"

Das Trommeln hörten die Leute aus dem Nachbardorf. Und auch sie sagten: „Das Trommeln kommt aus dem Dorf auf der Sandbank. Sie sind in Schwierigkeiten. Lasst uns hingehen!"

Und alle rannten in Windeseile durch Regen und Sturm zum Dorf.

Die Männer konnten kaum glauben, was sie sahen. Haushohe Wellen schlugen ins Dorf! Einige Lager waren bereits so überflutet, dass es viele starke Männer brauchte, um sie überhaupt erreichen zu können.

Die Männer arbeiteten schwer, kämpften sich von Hütte zu Hütte, suchten nach Eingeschlossenen und brachten sie in Sicherheit.

„Wir waren gerade noch rechtzeitig dank des Trommlers!", sagten sie.

„Aber wer hat die Trommel geschlagen?", fragte jemand.

Plötzlich rief einer der Männer: „Der Junge, der nicht laufen kann!"

„O, und sein Hund!", ergänzte ein anderer.

„Bis auf die Hühner war aber niemand in der Hütte", sagte ein dritter besorgt.

„Der Junge und sein Hund müssen irgendwo sein. Schnell, wir müssen sie suchen."

Fusa hatte scharfe Ohren und hörte die Männer von weitem. Er bellte kurz und aufgeregt, sodass man sie bald fand.

„Hier sind sie!", riefen die Männer aufgeregt. „Hier sind der tapfere Trommler und sein Freund! Gut gemacht! Gut gemacht!"

Auf starken Schultern wurde Sosu fortgetragen und Fusa sprang neben ihm her.

So nahm alles seinen Anfang. Jeder hörte von Sosu. Leute von Zeitungen, vom Radio und vom Fernsehen kamen ins Dorf, nur um Sosu zu sehen und mit ihm zu reden! Und sie machten unzählige Bilder von ihm, seinem Freund Fusa und seiner Familie!

Sosu wurden viele Fragen gestellt, auch die, warum er etwas so Gefährliches und Verrücktes gewagt hatte. Und als sie ihn fragten, was er sich am sehnlichsten wünschen würde, da hatte er geantwortet: „Ich möchte laufen und in die Schule gehen können!“

In den darauffolgenden Wochen baute man die zerstörten Häuser und Zäune wieder auf und reparierte alles. Das Beste aber war, dass man die staubige, holprige Dorfstraße fest und glatt machte. Und die verlief genau vor Sosus Haus.